Hamdi
neden gözlük takıyor?

Hamdi son günlerde kitap okumakta zorlanıyordu. Sayfayı burnunun dibine tutunca ancak okuyabiliyordu. Üstelik ders çalışırken gözleri sulanıyor ve başı ağrıyordu.

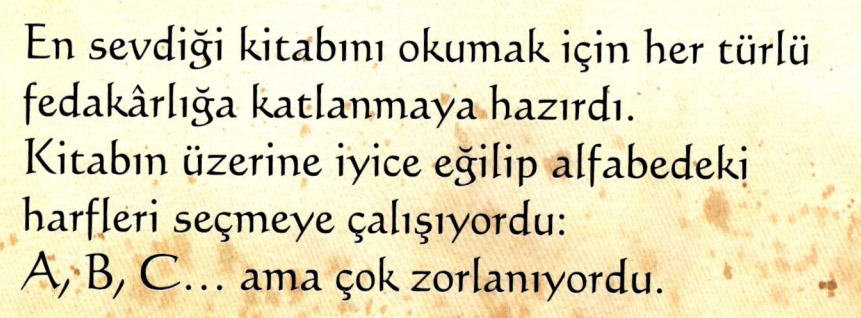

En sevdiği kitabını okumak için her türlü fedakârlığa katlanmaya hazırdı.
Kitabın üzerine iyice eğilip alfabedeki harfleri seçmeye çalışıyordu:
A, B, C… ama çok zorlanıyordu.

Zavallı Hamdi, yakını da uzağı da
iyi göremiyordu. Bu durumdan annesine bahsetti.
Annesi ilk iş olarak Doktor Civan'ın
muayenehanesini arayıp bir randevu aldı.

Ertesi gün Hamdi, annesiyle beraber Doktor Civan'ın muayenehanesine gitti. Doktor amca göz hastalıkları uzmanıydı.

Doktor Civan, Hamdi'ye duvar panosundaki kedi yavrularını gösterdi.
– Söyle bakalım Hamdicim, bunlar ne?
Hamdi gözlerini kocaman açtı:
– Aslan yavruları doktor amca! dedi. Doktor Civan:
– Sen gerçekten de iyi göremiyorsun küçüğüm. Gözlük kullanman gerekiyor, dedi.

Hamdi, doktor amcanın dediğini yaptı. Annesiyle birlikte gözlükçünün yolunu tuttu. Birbirinden güzel çerçeveleri tek tek denemeye başladı:

– Yeşil olmaz! diye bağırdı ilk denemesinde. Bu gözlükle kurbağaya benziyorum!

– Parlak taşlarla süslü pembe çerçeve de olmaz.
Ben kız değilim ki kız gözlüğü takayım!

– Köşeli çerçeveyi de beğenmedim.
Hamdi, en sonunda yuvarlak, turuncu çerçevede karar kıldı.

Eve döndüklerinde, Hamdi başını kıpırdatmaya korkuyordu.
– Dikkat etmezsem, gözlüğüm yere düşer ve camları kırılır!
diyordu sürekli.

Babası Hamdi'nin yanına gelip gözlüklerini şöyle bir yokladı:
– Endişelenmene gerek yok, benim güzel oğlum! Gözlüklerin yüzüne tam oturuyor. İstediğin gibi hareket edebilirsin. Hatta paten bile kayabilirsin! dedi.

Ertesi sabah okula giderken, Hamdi'nin morali bozuktu.
– Sınıfta hiçbir arkadaşım gözlük takmıyor!
Ben ne yapacağım Allah'ım?

Hamdi çantasını açtı. Gözlüğünü kalem kutusuna yerleştirdi.
– Böylesi daha iyi oldu! dedi.
Kardeşi Fahriye de şaşkın şaşkın ona bakıyordu.

Öğleden sonra okulda, kukla gösterisi vardı.
– Kırmızı başlıklı kızı kim takip ediyor? diye sordu Hamdi kendi kendine. Korkunç bir canavar mı yoksa süpürgeye binmiş bir cadı mı? Hamdi gözlerini kırpıştırıp duruyor fakat hiçbir şey göremiyordu!
Kimseciklere fark ettirmeden gözlüğünü taktı ve heyecanla:
– Dikkat et kırmızı başlıklı kız! Arkanda bir kurt var! diye bağırdı.

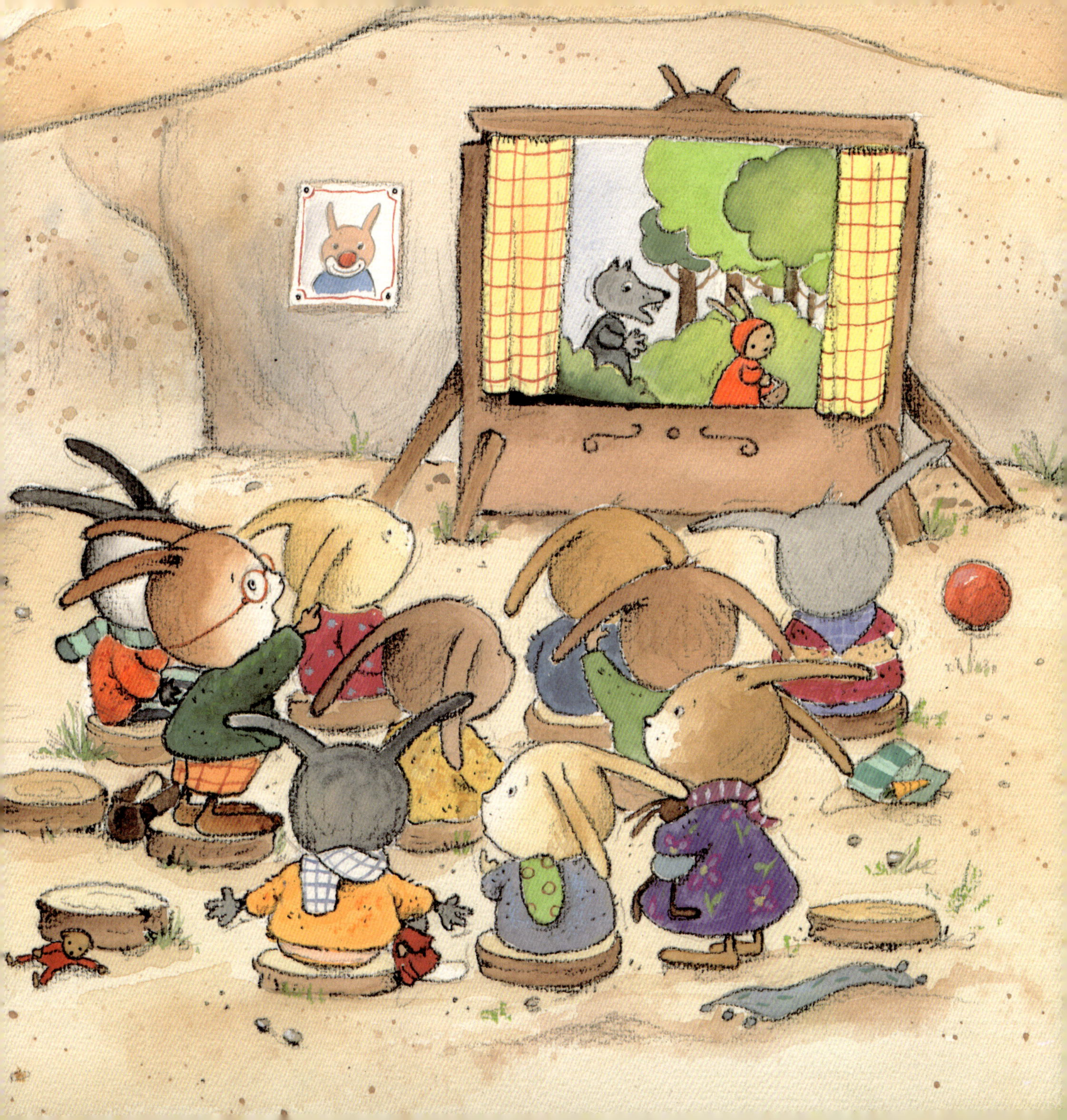

Bütün çocuklar aynı anda dönüp Hamdi'ye baktılar.
Sınıfın en bilmişi Cengiz:
– Hamdi! diye seslendi heyecanla.
Turuncu çerçeveli gözlüklerinle çok akıllı görünüyorsun.
Tıpkı en sevdiğimiz öğretmenimiz Güven Bey gibisin, dedi.

Hamdi çok memnun olmuştu. Kimse gözlüklerinden dolayı onunla alay etmemişti. Üstelik şimdi yakını da uzağı da gayet net görebiliyordu. Renkler bile daha canlıydı artık.

Ertesi gün okulda onu bir sürpriz bekliyordu.
Sınıf arkadaşı Damla da gözlük takmıştı.
Onunkisi mavi renkteydi. Tıpkı gökyüzü gibi.
– Ahh! Ne kadar güzel! diyerek ellerini çırptı Hamdi.